LISA NIESCHLAG ✦ LARS WENTRUP

Münchner WEIHNACHTS-KÜCHE

Food-Fotografie & Styling
Lisa Nieschlag

Rezepte
Andrea Gottfreund

Hölker Verlag

Grüße aus
München

INHALT

Süß & köstlich

Herzhaft & deftig

Weihnachtsgrüße
aus
München

Ich muss euch sagen, es weihnachtet sehr!

Wenn der Christbaum vor dem Münchner Rathaus im Lichterglanz erstrahlt und der älteste Christkindlmarkt der Stadt auf dem Marienplatz seine Türen öffnet, ist das Fest der Feste nicht mehr weit. Kinder wie Erwachsene wandeln beglückt durch die festlich geschmückten Straßen. Der Duft von Punsch und gebrannten Mandeln liegt in der Luft. Unzählige Konzerte stimmen auf die „stade" Zeit ein, während die „Christkindltram" gemütlich ihre Runden dreht.

Der „Eiszauber" auf dem Stachus lässt die Herzen von Schlittschuhläufern höherschlagen. Wer es ruhiger mag, schlendert durch den Englischen Garten und kann auf dem idyllischen Christkindlmarkt rund um den Chinesischen Turm allerlei Kunsthandwerk bestaunen. Gestärkt durch das ein oder andere kulinarische Schmankerl, spaziert man weiter zum Kaiserhof in der Residenz. Dort erwartet die Besucher ein märchenhaftes Weihnachtsdorf, das mit seiner 14 Meter hohen Pyramide und den verschiedensten Leckereien seine Gäste verzaubert.

Unser kleiner Stadtbummel hat Ihnen Appetit gemacht? Dann probieren Sie doch eines unserer traditionellen Münchner Festtagsrezepte aus! Ob deftige Gerichte wie klassischer Gänsebraten und bayrischer Kartoffelsalat oder süße Köstlichkeiten wie Rohrnudeln mit Vanillesoße und saftige Zimtsterne – hier kommt jeder auf seine Kosten, egal ob waschechter Münchner oder „Zuagroaster".

An Guadn!

GUCCI
U
S

Altdeutscher
Christbaumschmuck
mundgeblasen
und
handbemalt
Münchner
Christkindlmarkt

Punsch mit Rumkirschen

Was wäre die Adventszeit ohne einen fruchtigen Punsch? Sein herrlich aromatischer Duft zieht durch das ganze Haus, und er wärmt Leib und Seele.

Für 6 Gläser

Für den Punsch

750 ml trockener Weißwein
500 ml Kirschnektar
50 g brauner Zucker
1 TL Bio-Orangenabrieb
½ TL Zimt
3 Sternanise
1 Zimtstange
3 Nelken
1 kl. Glas Sauerkirschen (175 g Abtropfgewicht)
4 EL brauner Rum

Außerdem

6 Zimtstangen und Orangenzesten zum Garnieren

Den Weißwein, den Kirschnektar und den Zucker mit den Gewürzen in einen Topf geben und bei mittlerer Temperatur erhitzen (nicht kochen!). Gut umrühren, bis der Zucker sich aufgelöst hat. Alles 15 Min. bei geschlossenem Deckel ziehen lassen.

Währenddessen die Sauerkirschen durch ein Sieb abgießen und den Saft auffangen. Die abgetropften Sauerkirschen mit dem Rum vermengen und ziehen lassen.

Den Herd ausschalten und den aufgefangenen Sauerkirschsaft in den Punsch geben. Je 1–2 EL der Rumkirschen auf die vorbereiteten Gläser verteilen. Den heißen Punsch durch ein Sieb in die Gläser gießen. Mit je 1 Zimtstange und 1 Orangenzeste garniert servieren.

Tipp

Etwas kräftiger schmecken die Rumkirschen, wenn Sie die Sauerkirschen mit dem Rum schon am Vortag ansetzen.

Stollenkonfekt

Unser himmlisches Stollenkonfekt ist etwas einfacher zuzubereiten als ein ganzer Christstollen, steht ihm geschmacklich aber in nichts nach. Hübsch verpackt lässt es sich außerdem wunderbar verschenken!

Die Korinthen am besten am Vorabend in Orangensaft einlegen.

Für den Teig Mehl und Backpulver mit der Prise Salz in eine Schüssel sieben. In einer weiteren Schüssel Butter, Zucker und Vanillezucker mit dem Handrührgerät schaumig schlagen. Danach die Eier einzeln unterrühren. Quark, eingelegte, abgetropfte Korinthen, Orangenzesten, Bittermandelaroma und Mandeln unterrühren. Alles mit der Mehlmischung vorsichtig zu einem geschmeidigen Teig verkneten, eventuell noch etwas Mehl zugeben.

Den Backofen auf 180 °C Umluft vorheizen und zwei Backbleche mit Backpapier auslegen.

Den Teig auf einer bemehlten Arbeitsfläche zu ca. 30 tischtennisballgroßen Kugeln formen – sie müssen nicht perfekt rund sein. Dann die Kugeln auf die vorbereiteten Backbleche verteilen und je ein Backblech nacheinander auf der mittleren Schiene 12–15 Min. goldbraun backen.

Das fertige, noch warme Stollenkonfekt mit der zerlassenen Butter bepinseln und direkt in Puderzucker wälzen. Luftdicht in einer Dose verschlossen hält sich das Konfekt bis zu 7 Tage.

Tipp

Zimt und Marzipan sind ebenfalls eine leckere Füllung für das Stollenkonfekt. Die Mandeln lassen sich durch gehackte Pistazien ersetzen – das macht auch optisch etwas her.

Für ca. 30 Stück

Für den Teig

200 g Korinthen
50 ml Orangensaft
450 g Mehl (Typ 405) plus etwas zum Verarbeiten
½ Pck. Backpulver
1 Prise Salz
150 g weiche Butter
150 g feiner Zucker
1 Pck. Vanillezucker
2 Eier
200 g Quark (20 %)
Orangenzesten von ½ Bio-Orange
4 Tropfen Bittermandelaroma
150 g gehackte Mandeln

Außerdem

100 g zerlassene Butter
100 g Puderzucker

Prinzregententorte

Zugegeben, die Prinzregententorte ist eher etwas für Backprofis, aber wirklich unglaublich lecker! Sie wurde nach Luitpold von Bayern benannt und besteht aus sieben Biskuitböden, die je einen der bayerischen Regierungsbezirke versinnbildlichen.

Für 1 Torte (20 cm ⌀)

Für den Biskuitteig

7 Eier
330 g feiner Zucker
210 g Mehl (Typ 405)
120 g Speisestärke
1 ½ TL Backpulver
1 Prise Salz

Für die Buttercreme

1 Pck. Schokoladen-puddingpulver
500 ml Milch
75 g Zucker
50 g Zartbitter-Kuvertüre
200 g weiche Butter
2–4 Tropfen Rum-Aroma

Für den Überzug

100 g Zartbitter-Kuvertüre
100 g Vollmilch-Kuvertüre
140 ml Sahne

Außerdem

1 verstellbarer Tortenring
1 Palette
geraspelte Schokolade zum Verzieren

Den Backofen auf 160 °C Umluft vorheizen und ein Backblech mit Backpapier auslegen.

Für den Teig die Eier und 7 EL Wasser mit dem Handrührgerät schaumig schlagen. Den Zucker einrieseln lassen und zu einer cremigen Masse verrühren. In einer weiteren Schüssel Mehl, Speisestärke, Backpulver und Salz mischen, auf die Eimasse sieben und unterheben.

Den Tortenring auf das Backblech legen. Darin ca. 140 ml Teig mit der Palette glatt streichen. Den Boden mit Tortenring auf mittlerer Schiene 8–10 Min. hellbraun backen. Anschließend mit einem Messer um den Tortenring schneiden, den Ring abnehmen, den Boden vom Backpapier lösen und auf ein Kuchengitter legen. Auf diese Weise 6 weitere Böden backen.

Für die Buttercreme das Puddingpulver mit 10 EL Milch verrühren. Die restliche Milch mit dem Zucker in einem Topf kurz aufkochen lassen, vom Herd nehmen und die Pulvermischung mit einem Schneebesen in die Milch rühren. Erneut kurz aufkochen, bis der Pudding andickt. Vom Herd nehmen und die gehackte Kuvertüre unterrühren. In eine Schüssel umfüllen und die Oberfläche mit Frischhaltefolie abdecken. Auf Zimmertemperatur abkühlen lassen. Die weiche Butter mit dem Handrührgerät aufschlagen und den Pudding löffelweise unterrühren. Das Rum-Aroma zufügen.

Den Tortenring auf eine Platte legen, den ersten Boden darin platzieren und mit Buttercreme bestreichen. Mit den übrigen Böden ebenso verfahren. Mit Buttercreme abschließen. Den Tortenring abnehmen und die Seiten mit Buttercreme bestreichen. Die Torte für 1 Std. kühl stellen.

Für den Überzug die gehackte Kuvertüre mit der Sahne in einer Schüssel über einem Wasserbad schmelzen. Etwas abkühlen lassen. Den Überzug mit einer Palette rundherum verteilen, dann die Torte für mehrere Stunden in den Kühlschrank stellen. Mit geraspelter Schokolade verzieren.

Rohrnudeln mit Vanillesoße

In katholischen Gegenden wurde diese einfache Mehlspeise früher oft am Freitag gegessen. Die fluffigen Hefeballen sind noch heute bei Groß und Klein beliebt und schmecken mit Vanillesoße besonders lecker!

Für 6 Portionen

Für die Rohrnudeln

1 Würfel frische Hefe
270 ml Milch (3,5 %)
500 g Mehl (Typ 405) plus etwas zum Verarbeiten
1 Ei
1 Prise Salz
4 EL Zucker
80 g weiche Butter
100 g zerlassene Butter

Für die Vanillesoße

400 ml Milch (3,5 %)
30 g Speisestärke
1 Eigelb
1 Vanilleschote
300 ml Sahne
50 g Puderzucker
1 Prise Salz

Außerdem

1 Auflaufform (ca. 26 x 18 cm)

Für die Rohrnudeln die Hefe in 70 ml lauwarmer Milch auflösen. Das Mehl in eine Schüssel sieben, in die Mitte eine Vertiefung drücken, die Hefemilch (das „Dampferl") hineingeben, mit etwas Mehl verrühren und an einem warmen Ort abgedeckt 20 Min. gehen lassen.

Das Ei, das Salz, die restliche Milch, 3 EL Zucker und die weiche Butter zugeben und alles gut vermengen. Den Teig so lange mit dem Handrührgerät oder der Küchenmaschine kneten, bis er Blasen wirft. Auf einer bemehlten Arbeitsfläche den Teig in 6 gleich große Teile portionieren und diese jeweils zu einer Kugel formen.

Die zerlassene Butter in die Auflaufform geben und 1 EL Zucker gleichmäßig auf den Boden der Auflaufform streuen. Die Teigkugeln darin mit etwas Abstand nebeneinandersetzen. Erneut an einem warmen Ort abgedeckt ca. 15 Min. gehen lassen.

Den Backofen auf 180 °C vorheizen. Die Rohrnudeln ca. 25–30 Min. goldbraun backen.

Währenddessen für die Vanillesoße 100 ml von der Milch abnehmen, mit der Speisstärke und dem Eigelb gut verrühren. Die Vanilleschote längs aufschlitzen und das Mark herauskratzen. Die restliche Milch, Sahne, Puderzucker mit Vanilleschote und -mark unter ständigem Rühren zum Kochen bringen. Die bereits angerührte Stärkemischung und das Salz zugeben. Unter stetigem Rühren ca. 1 Min. weiterköcheln lassen, bis die Soße leicht eindickt. Die Soße mit Klarsichtfolie abdecken und abkühlen lassen.

Die fertigen Rohrnudeln aus dem Backofen nehmen, abstechen und warm mit der Vanillesoße servieren.

Spitzbuben mit Johannisbeerfüllung

Spitzbuben, die auch unter den Namen Linzer Augen oder Terrassenplätzchen bekannt sind, wecken so manche Kindheitserinnerung. Gefüllt mit Erdbeer- oder Orangengelee schmecken sie ebenso köstlich und schmücken jeden Plätzchenteller.

Für ca. 30 Stück

Für den Teig

375 g Mehl (Typ 405) plus etwas zum Verarbeiten
125 g gemahlene Haselnüsse
150 g feiner Zucker
1 Pck. Vanillezucker
250 g kalte Butter
1 Ei
1 Prise Salz

Außerdem

ca. 50 g Hagelzucker
ca. 150 g Schwarzes Johannisbeergelee
2 verschieden große Ausstechformen, z. B. Tannenbäume

Für den Teig Mehl, Haselnüsse, Zucker und Vanillezucker in einer Schüssel vermischen. Die kalte Butter, das Ei und die Prise Salz zufügen und alles mit dem Handrührgerät oder einer Küchenmaschine zu einem Teig verkneten. Nicht zu lange kneten, sonst wird der Teig brüchig. Anschließend den Mürbeteig in Frischhaltefolie einwickeln und für mindestens 30 Min. in den Kühlschrank stellen.

Den Backofen auf 170 °C Umluft vorheizen. Zwei Backbleche mit Backpapier auslegen.

Den Teig auf einer bemehlten Arbeitsfläche ca. 3 mm dick ausrollen. Mit einem Tannenbaum-Ausstecher Plätzchen ausstechen. Bei der Hälfte in der Mitte einen kleineren Tannenbaum ausstechen.

Die Tannenbäume mit Loch auf ein Backblech legen und den Rand mit Hagelzucker bestreuen, leicht andrücken. Die Tannenbäume ohne Loch ebenfalls auf ein Backblech legen und beide Bleche nacheinander für 10–12 Min. in den vorgeheizten Backofen schieben.

Die Plätzchen aus dem Ofen nehmen und gut auskühlen lassen. Anschließend das Gelee in einem Topf erwärmen. Die Plätzchen ohne Loch damit bestreichen. Die Hagelzucker-Tannenbäume daraufsetzen und die Öffnung in der Mitte mit etwas Johannisbeergelee auffüllen. Gut trocknen lassen.

Bayrische Creme mit Mandarinensoße

Die traditionelle Bayrische Creme soll Überlieferungen zufolge bereits Ende des 14. Jahrhunderts bei der Eheschließung der bayerischen Prinzessin Elisabeth mit dem französischen König Karl VI. serviert und so auch nach Frankreich gelangt sein.

Für 4 Portionen

Für die Creme

1 ½ Päckchen Gelatine
1 Vanilleschote
625 ml Sahne
200 g feiner Zucker
6 Eigelb

Für die Soße

4 Mandarinen
1 TL Speisestärke
1 Sternanis
30 ml Orangenlikör

Außerdem

1 Mandarine und
4 Sternanise zum
Garnieren

Für die Creme die Gelatine in kaltem Wasser einweichen. Die Vanilleschote längs aufschlitzen und das Mark herauskratzen. 125 ml von der Sahne abmessen und diese mit dem Vanillemark in einem Topf kurz aufkochen lassen.

Zucker und Eigelbe in einer Schüssel schaumig schlagen und unter ständigem Rühren langsam mit der heißen Vanillesahne aufgießen. Die Eiersahne zurück in den Topf gießen und unter weiterem Rühren erhitzen, bis eine dickliche Creme entsteht. Die Gelatine ausdrücken und unterrühren. Die Creme im kalten Wasserbad abkühlen lassen, dabei immer wieder umrühren.

Nun die restliche Sahne mit dem Handrührgerät steif schlagen und unter die abgekühlte Creme ziehen. Die Creme auf 4 Gläser verteilen und abgedeckt im Kühlschrank mindestens 2 Std. kalt stellen.

Für die Soße die Mandarinen quer halbieren, mit der Zitronenpresse auspressen und den Saft auffangen. Die Speisestärke mit etwas Saft verrühren. Den restlichen Mandarinensaft in einem kleinen Topf erhitzen, die Speisestärke unterrühren und den Sternanis zufügen. Alles kurz aufkochen lassen, bis die Soße eindickt, dabei gut umrühren. Zum Schluss den Sternanis herausnehmen, den Orangenlikör unterrühren und alles abkühlen lassen.

Die Mandarinensoße auf der Creme verteilen und mit je 1–2 Mandarinenstücken und je 1 Sternanis garnieren.

Tipp

Die Creme kann man auch wunderbar mit Himbeermark servieren.

Münchner Apfelstrudel

Wer kann schon einem leckeren Apfelstrudel widerstehen? Das Ziehen des klassischen Strudelteigs ist bei der Zubereitung die wohl größte Herausforderung. Der Milch-Sahne-Aufguss macht den Strudel wunderbar saftig!

Für 1 großen Strudel oder 2 kleine Strudel

Für den Teig
250 g Mehl (Typ 405) plus etwas zum Verarbeiten
1 Ei
1 Prise Salz
1 TL Apfelessig
20 g Butter
1 TL Sonnenblumenöl

Für die Füllung
1 kg Äpfel (z. B. Boskop)
80 g Rosinen
50 g gestiftelte Mandeln
100 g brauner Zucker
40 ml Weinbrand (optional)
80 g Semmelbrösel
ca. 100 g zerlassene Butter
½ TL Zimt

Außerdem
150 ml Sahne
150 ml Milch
Puderzucker zum Bestäuben

Für den Teig das Mehl in eine Schüssel sieben und in die Mitte eine Mulde drücken. 125 ml lauwarmes Wasser, das Ei und das Salz miteinander verquirlen, in die Mulde gießen und von der Mitte aus mit dem Mehl vermengen. Den Apfelessig und die Butter zugeben und alles zu einem glatten Teig verkneten. Den Teig zu einer Kugel formen, mit dem Öl bepinseln und abgedeckt an einem warmen Ort ca. 30 Min. ruhen lassen.

Für die Füllung die Äpfel schälen, vierteln, entkernen und in feine Schnitze schneiden. Die Apfelschnitze mit Rosinen, Mandeln, Zucker und Weinbrand vermischen. Dann die Semmelbrösel mit der Hälfte der zerlassenen Butter und dem Zimt in einer Pfanne goldbraun anrösten. Zur Seite stellen.

Den Backofen auf 180 °C Umluft vorheizen.

Ein Geschirrtuch auf einer großen Arbeitsfläche ausbreiten und mit etwas Mehl bestäuben. Den Teig in die Mitte legen und zu allen Seiten mit dem Nudelholz zu einem Rechteck ausrollen. Zuletzt mit den Händen papierdünn ausziehen. Den ausgezogenen Strudelteig mit etwas zerlassener Butter dünn bestreichen. Die vorbereiteten Semmelbrösel darauf verteilen, den Rand dabei aussparen. Auf den Bröseln die Apfelmischung verteilen.

Durch Anheben des Tuches die Teigplatte vorsichtig zusammenrollen und die Enden fest zusammendrücken. Den Strudel in eine gefettete Bratraine geben und nochmals mit flüssiger Butter bestreichen. Für 40–45 Min. auf mittlerer Schiene goldbraun backen. Nach ca. 30 Min. Backzeit die Sahne und die Milch zugießen.

Den noch warmen Apfelstrudel mit Puderzucker bestäubt servieren.

Zimtsterne

Klassische Zimtsterne zählen zu den beliebtesten Weihnachtsplätzchen. Für das gewisse Etwas geben wir neben den Mandeln auch Haselnüsse in den Teig – für himmlisch aromatische und saftige Sterne!

Die Eiweiße mit der Prise Salz sehr steif schlagen. Nach und nach den Puderzucker unter ständigem Schlagen in den Eischnee einarbeiten. Den Eischnee in zwei gleich große Portionen auf zwei Schüsseln aufteilen.

Mandeln und Haselnüsse mit dem Zimt vermischen und unter die eine Hälfte des Eischnees heben. Alles gut verrühren. Wenn der Teig noch zu klebrig ist, einfach etwas gemahlene Mandeln zufügen, bis sich der Teig gut verarbeiten lässt. Diesen dann ca. 6 mm dick ausrollen. Damit der Teig nicht an dem Nudelholz haften bleibt, kann man einen aufgeschnittenen Gefrierbeutel darauflegen.

Den Backofen auf 150 °C Umluft vorheizen und zwei Backbleche mit Backpapier auslegen.

Nun auf den ausgerollten Teig die zweite Hälfte des Eischnees geben und diesen mit einer Palette glatt streichen. Mit einem Zimtsternausstecher die Sterne ausstechen und auf die vorbereiteten Backbleche geben. Mit einem speziellen klappbaren Zimtsternausstecher lassen sich die Sterne direkt aus dem bestrichenen Teig ausstechen und dank des Öffnungsmechanismus berührungsfrei und perfekt geformt auf das Backblech legen. Alternativ kann auch eine herkömmliche Ausstechform benutzt werden. Dann sollte der Eisschnee jedoch erst nach dem Ausstechen mithilfe eines Backpinsels auf die Sterne gestrichen werden.

Die Zimtsterne jeweils 10–12 Min. auf mittlerer Schiene backen und darauf achten, dass die Glasur weiß bleibt.

Tipp

Ein kleines Schälchen mit lauwarmem Wasser vorbereiten und den Sternausstecher darin befeuchten, damit sich der Teig besser aus der Form löst.

Für ca. 80 Stück

Für den Teig

5 Eiweiß
1 Prise Salz
500 g Puderzucker
500 g gemahlene Mandeln plus etwas zum Verarbeiten
100 g gemahlene Haselnüsse
2 TL Zimt

Außerdem

1 Zimtsternausstecher
1 Palette

Gefüllter Bratapfel

Kinder, kommt und ratet, was im Ofen bratet! Hört, wie's knallt und zischt. Bald wird er aufgetischt, der Zipfel, der Zapfel, der Kipfel, der Kapfel, der gelbrote Apfel. (Emily und Fritz Koegel)

Für 4 Portionen

4 Äpfel (z. B. Boskop)
40 g Walnusskerne
20 g Mandeln
25 g Rosinen
10 g Cranberrys
⅓ TL Zimt
100 g Marzipan
40 g Butter
40 ml Apfelsaft

Die Äpfel gründlich waschen und trocknen. Jeweils den Deckel abschneiden und das Kerngehäuse großzügig entfernen.

Den Backofen auf 180 °C Umluft vorheizen. Eine ofenfeste Form, z. B. eine Auflaufform, mit Backpapier auslegen.

Die Walnusskerne und Mandeln fein hacken. Dazu eignet sich ein Blitzhacker oder eine Küchenmaschine. Die beiden Nusssorten mit den Rosinen, den Cranberrys und dem Zimt vermischen.

Das Marzipan weich kneten und vorsichtig mit der Nuss-Frucht-Mischung vermengen. Die Marzipanfüllung in 4 gleiche Teile teilen, jeweils zu einer Rolle formen und in die Apfelöffnung drücken.

Die gefüllten Äpfel ohne Deckel in die vorbereitete Form setzen. Butterflöckchen und Apfelsaft gleichmäßig darauf verteilen. Die Äpfel auf mittlerer Schiene 25 Min. backen. Zwischendurch mit dem entstandenen Sud übergießen. Dann die Deckel ebenfalls in die Auflaufform geben und alles zusammen für weitere 10 Min. garen lassen.

Tipp

Für die Füllung eignen sich auch Feigen, Datteln, getrocknete Aprikosen oder anderes Trockenobst. Auch die Nussart lässt sich je nach Geschmack variieren.

Lebkuchen-Plätzchen

Bunt verzierte Lebkuchenherzen sind auf jedem Münchner Christkindlmarkt zu finden. Da die süßen Liebesbotschaften fast nie gegessen werden, haben wir uns für eine Variante zum Ausstechen entschieden, die garantiert vernascht wird!

Für den Teig Honig und Zucker in einen Topf geben und unter stetigem Rühren erhitzen, bis sich der Zucker aufgelöst hat. Dann die Butter, das Gewürz und das Salz unterrühren. Den Topf vom Herd nehmen und die Masse 15 Min. abkühlen lassen.

Den Kakao und die beiden Mehlsorten gut vermischen und fein sieben. Alles unter die Honigmasse heben und gut verrühren. Dann das Ei untermengen, bis ein geschmeidiger Teig entsteht. Wenn der Teig zu klebrig ist, eventuell noch etwas Mehl zufügen. Den Teig in Frischhaltefolie wickeln und, am besten über Nacht, in den Kühlschrank legen.

Den Teig vor der Weiterverarbeitung rechtzeitig aus dem Kühlschrank nehmen. Am besten lässt er sich verarbeiten, wenn er Zimmertemperatur hat. Den Backofen auf 170 °C Umluft vorheizen. Zwei Bleche mit Backpapier auslegen.

Den Teig mit einem Nudelholz auf einer bemehlten Arbeitsfläche ausrollen und Plätzchen ausstechen. Die Plätzchen auf die Backbleche geben und ca. 10–12 Min. auf mittlerer Schiene backen. Auskühlen lassen.

Für die Glasur den Puderzucker zweimal durch ein Sieb sieben, damit keine Zuckerkristalle mehr enthalten sind. Das Eiweiß in einem hohen Gefäß mit der Hälfte des Puderzuckers mit dem Handrührgerät vermengen. Zum Schluss den restlichen Puderzucker und den Zitronensaft unterrühren, bis eine cremige Konsistenz erreicht ist.

Die Glasur in einen Spritzbeutel füllen und die Lebkuchen-Plätzchen verzieren.

Für ca. 50 Stück

Für den Teig

220 g flüssiger Honig
120 g feiner Zucker
150 g Butter
2 gehäufte TL Lebkuchengewürz
1 Prise Salz
3 TL Backkakao
420 g Mehl (Typ 550) plus etwas zum Verarbeiten
150 g Roggenmehl (Typ 997 oder 1150)
1 Ei

Für die Glasur

250 g Puderzucker
1 Eiweiß
1 Spritzer Zitronensaft (optional)

Außerdem

verschiedene Ausstechformen

DER KRAMPUSLAUF

Alexa Nieschlag

Der Sepp legte den Telefonhörer auf, lehnte sich an die Wand und atmete tief ein. Und aus. Jetzt hatten sie ihn doch wieder dran bekommen.

Er starrte an die Wand und dachte an die Kiste mit dem Krampuskostüm, die er am Tag seines Umzugs nach München auf den Speicher gebracht hatte. Seitdem hatte er nicht einen Gedanken daran verschwendet. Vermutlich hatte er gehofft, dass er die Kiste nie wieder öffnen oder auch nur ansehen müsste.

Der Anruf hatte dieser Hoffnung ein Ende gesetzt. Joseph Korbinian Bonifaz Gumpelsbichler, kurz „der Sepp" gerufen, kam aus einem Dorf im Berchtesgadener Land. In seiner Familie hießen alle Männer Joseph, Korbinian oder Bonifaz – oder eine Kombination all dieser Namen. Und sie waren alle Schreiner, Stammgäste im Dorfwirtshaus, Mitglieder der Blaskapelle und im Trachtenverein. Das war seit Generationen so. Ausnahmen gab es nicht: Unmusikalische Familienmitglieder wurden ganz hinten in der Kapelle versteckt, beim Schlagzeug, wo sie ab und zu die große Trommel traktieren oder ein Triangel schlagen durften; im äußersten Notfall blieb noch das „Goaßlschnalzen", das rhythmische Peitschenknallen, als Betätigung. Sepps Urgroßvater Bonifaz war sogar der Leiter der Blaskapelle gewesen. Die Berchtesgadener Tracht stand all diesen Männern, und Lederhosen wurden zusammen mit Musikinstrumenten und Schreinerwerkzeug vererbt.

Und noch einen alpenländischen Brauch hielten sie hoch: Zu Beginn der Adventszeit liefen sie in Krampuskostümen, meist als Begleiter des heiligen Nikolaus, durch das Dorf, erschreckten und piesackten ihre Nachbarn und die mit den Jahren immer zahlreicheren Touristen. Zu diesem Zweck hüllte man sich in Fellumhänge und Fellhosen, band sich Glocken um und setzte sich schwere, handgeschnitzten Masken aus Zirbenholz auf den Kopf. Manche hatten auch Ketten zum Rasseln dabei.

Schaurig sahen diese Masken aus! Der Sepp hatte sich als Kind davor gefürchtet. Sie hatten Hörner (das hatte ihm sein Großvater erklärt: „Ein echter Krampus hat nur zwei Hörner auf dem Kopf, wie der Teufel selbst!") und zeigten scheußliche Fratzen. Verzerrte, grobe, gemeine Gesichter, viele mit herausgestreckten Zungen, dunkel und schwarz.

Bis zu zehn Kilo konnte so eine Maske wiegen. In seiner Schreinerfamilie gab es eine Vielzahl selbst geschnitzter Masken, manche davon wurden schon seit Generationen weitervererbt. Die Vorstellung, sich eine dieser hässlichen Masken über den Kopf ziehen zu müssen, erschreckte den kleinen Sepp zutiefst.

Ihm schien es manchmal, als würden sich die vertrauten Männer seiner Familie, die eigentlich meist ruhige, geduldige Zeitgenossen waren, in ihrer Kostümierung in ungeschlachte, gemeine, furchterregende Gestalten verwandeln. Er versuchte immer, ihnen aus dem Weg zu gehen, blieb lieber bei seiner Mutter daheim und wurde dafür manchmal verlacht oder gehänselt. Wenn einer ihm im Scherz eine Maske auf den Kopf setzen wollte, schrie er und lief weg.

Als er älter wurde, funktionierte Weglaufen aber nicht mehr. Als Teenager hatte ihn das Schicksal eingeholt: Alle seine Freunde bildeten einen „Pass", eine Gruppe von Krampussen. Denn anders als Knecht Ruprecht, der den heiligen Nikolaus allein begleitet, treten Krampusse nicht einzeln auf.

Der Sepp war immer nur widerwillig mitgegangen. Er konnte sich nicht dazu überwinden, irgendjemanden zu schlagen, zu kneifen oder zu verfolgen. Ab und zu schnappte er jemandem eine Mütze vom Kopf und lief damit weg. Aber so richtig schwer machte er es keinem, sie zurückzubekommen. Er beneidete immer seinen Freund Leo, der den Nikolaus spielen durfte, weil er der Sohn vom Bürgermeister war. Der musste niemanden verfolgen oder ärgern, musste nicht brüllen und mit Ketten rasseln, musste niemandem Angst machen. Der Leo fand das natürlich gar nicht toll, er hätte viel lieber mit dem Sepp getauscht. Aber der Sohn vom Bürgermeister blieb der Sohn vom Bürgermeister, und was seit dem 16. Jahrhundert in einem bayerischen Bergdorf Tradition ist, lässt sich nicht ändern.

Als der Sepp Schreinergeselle geworden war, ging er auf Wanderschaft. Sein Dorf zu verlassen, machte ihm viel weniger aus, als er erwartet hatte. Er genoss es, neue Städte und Menschen kennenzulernen. München hatte es ihm besonders angetan, diese unvorstellbar große, schöne Stadt, wo er nicht immer der Sohn vom Joseph Bonifaz, der Enkel vom Korbinian Joseph und der Urenkel vom Bonifaz war. Daher beschloss er, nicht in sein Dorf zurückzukehren. Er suchte sich eine Stelle in einer Schreinerei in einem Hinterhof in Schwabing und blieb dort. Seine Familie verstand das nicht, aber da er noch zwei Brüder hatte, fanden sie seinen Weggang nicht so tragisch. Er war ja schon als Kind ein bisschen seltsam gewesen.

Sein Kostüm aber gehörte – aus Sicht seiner Familie – unbedingt zum Umzugsgut. Und so stand die Kiste seit vielen Jahren auf dem Speicher über seiner Werkstatt. Er hatte im Lauf der Jahre seinen Meister gemacht und die Werkstatt im

Schwabinger Hinterhof übernommen, in der er bereits gelernt hatte. Seine Familie nannte ihn „Meister Eder“ und lachte über ihn. Er wusste es und lachte manchmal mit, wenn er zu Besuchen aufs Land fuhr. Dabei erfreute er die vielen Kinder seiner Brüder und Cousins sogar damit, dass er ihnen die berühmten Geschichten vom „Pumuckl“ vorlas. Überhaupt kam er mit Kindern gut aus. Sie fanden ihn nicht seltsam, eigenbrötlerisch oder wunderlich, sondern wussten instinktiv, dass hier ein Mensch saß, der freundlich war und ihnen zugetan.

Jetzt aber! Der Anruf war von seinem Vetter Korbinian gekommen. Der war der Vorsitzende des Trachtenvereins im Dorf, und er erzählte, er habe soeben eine Einladung vom „Sparifankerl Pass“ aus München bekommen. Das war ein Krampusverein in der bayerischen Landeshauptstadt, der eine Brauchtumsparade organisieren wollte und dazu Brauchtumsgruppen aus dem ganzen Alpenraum einlud. An einem Adventssonntag sollte der „Krampuslauf“ in der Sendlinger Straße beginnen, über den Christkindlmarkt auf dem Marienplatz und weiter bis zum Dom führen. Und er müsse mit – immerhin sei er der einzige Vertreter seines Dorfs in München, und die Einladung könne er unmöglich ausschlagen. Die Familienehre, die Dorfehre, überhaupt die Ehre aller Krampusse stünde auf dem Spiel!

Es half nichts. Keine Ausrede, kein Unwohlsein ließ sein Vetter gelten. Der Sepp seufzte und stieg auf den Speicher. Da stand die Kiste. Er öffnete den Deckel mit seiner dicken Staubschicht und betrachtete das Zottelfell des Umhangs und der Stiefel. Bei einer Hose hätte er noch behaupten können, er passe nicht mehr hinein. Aber in diesen Umhang hätte auch Obelix hineingepasst. Ganz oben lag die Maske. Sie hatte seinem Urgroßvater gehört und war von ihm selbst geschnitzt worden. Eine Teufelsfratze, wie sie im Bilderbuch stand: schiefe Nase, höhnisch grinsender Mund, gemeine Augen.

Er dachte nach. Er wollte keine Kinder erschrecken. Gab es nicht irgendetwas, was er tun könnte, um den Brauch weniger furchterregend zu machen? Vielleicht könnte er wie im Kölner Karneval Süßigkeiten verteilen? Aber nein, wer würde von einem Krampus etwas Süßes nehmen? Das ging nicht. Es wollte ihm nichts einfallen. Auch seine Familie, ja sein Dorf wollte er nicht enttäuschen.

Und so kam es, dass an einem Sonntagnachmittag im Advent auf der Sendlinger Straße der Sepp mit Zottelfell und Krampusmaske stand, umringt von all den Männern aus seinem Heimatdorf, und sich damit abfand, dass er nun gleich an diesem Schaulaufen teilnehmen würde. Zumindest würde ihn niemand erkennen, tröstete er sich.

Es ging los. 300 Krampusse, Teufel, Zottelbären und schaurige Gesellen stimmten wie auf Kommando ein ohrenbetäubendes Gebrüll an; die ersten setzten sich in Bewegung. Es war ein unordentlicher Zug: Die Krampusse scherten aus, liefen – wie es sich gehörte – Passanten nach, nahmen den einen oder anderen in den Schwitzkasten oder schnappten hübschen Frauen die Mützen vom Kopf, damit sie sich ihre Kopfbedeckungen wiederholen mussten. Der Sepp ging am Ende seiner Gruppe und versuchte, möglichst wenig aufzufallen – was nahezu unmöglich war in einer solchen Aufmachung.

Auf dem Rindermarkt kam die Prozession an verschiedenen Buden vorbei. Crêpes gab es da, Bratwürschtel, Zuckerwatte, Waffeln ... Dem Sepp lief das Wasser im Mund zusammen unter seiner schweren Maske. Zum Glück war sein Urgroßvater so klug gewesen, seine Maske mit einer klappbaren Kinnlade zu versehen. Vielleicht hatte auch er manchmal Hunger gehabt während der Umzüge. Fast ohne nachzudenken, ließ der Sepp sich auf einen Würschtelstand zutreiben und stellte sich brav in die Reihe. Gerade dachte er darüber nach, ob er vielleicht doch ein Paar Wiener statt eines Bratwürschtels bestellen sollte – oder vielleicht beides? Da zupfte jemand an seinem zotteligen Ärmel.

Er drehte sich um. Da stand ein kleines Mädchen und sah ihn an. Oder vielmehr den Krampus. „Du, Krampus, kannst du mal mitkommen?", sagte es. „Ich brauche deine Hilfe. Oder eigentlich braucht der Valentin sie." Sepp schaute sie an. „Wer ist denn der Valentin? Und warum braucht er Hilfe?" Sie sprach schnell und verhaspelte sich fast: „Valentin ist mein kleiner Bruder. Wir kommen gerade von einer Weihnachtsfeier. Auf dem Viktualienmarkt haben die anderen Jungen angefangen, ihn zu ärgern. Die machen sich immer über ihn lustig, weil er so einen depperten Namen hat und eine dicke Brille. Eigentlich heißt er nämlich nicht nur Valentin, sondern Karl Valentin. Das fanden unsere Eltern witzig. Er ist eigentlich viel schlauer als die anderen Jungen. Deshalb macht er immer freche Sprüche über sie. Aber jetzt haben sie ihn in eine Ecke gedrängt und wollen ihn verprügeln." „Und was soll ich da machen?" Sie schaute ihn an, als sei er ein bisschen langsam im Kopf. „Na, ich dachte, wenn du mitkommst und sie richtig erschreckst, lassen sie ihn vielleicht in Ruhe, so wie du ausschaust. Aber du musst dich schon ein wenig beeilen. Ich weiß nicht, wie lang er sie hinhalten kann mit seiner großen Klappe."

Der Sepp zögerte nicht. Er lief dem kleinen Mädchen nach. „Wie heißt du denn?" fragte er sie, als sie über den Markt hasteten. „Na, Liesl natürlich.“ Das hätte er sich denken können.

Liesl führte ihn aus dem Gewühl in eine Nebengasse, und da stand wirklich eine kleine Gruppe Jungen um einen schmächtigen Jungen mit einer ziemlich dicken Brille herum, der Valentin sein musste. Die Jungen schubsten ihn johlend von einem zum andern. Valentin wirkte ein kleines bisschen verängstigt, teilte aber tapfer aus. „Ihr seid ja solche Tropfnasen, lasst mich doch in Ruhe! Ich kann doch nichts dafür, dass ihr in Mathe nie aufpasst und zu doof seid für die Aufgaben! Schreibt doch demnächst woanders ab! Und bleibt mir bloß vom Leib!“

Der Sepp musste auf einmal gar nicht mehr Theater spielen, um in seinem Kostüm Furcht einflößend zu wirken. Er stürmte auf die Gruppe zu. „Das könnte euch so passen, so viele und immer auf den Kleinen rumhacken! Schleicht's euch!“, brüllte er und wedelte mit seinem Besen. Er fauchte und schrie, machte einen Heidenlärm und setzte den Jungen nach, die in alle Richtungen davonstoben.

Valentin schaute den Krampus erschrocken an. Als er aber sah, dass Liesl hinter der Zottelgestalt stand und die Jungen verschwunden waren, entspannten sich seine Züge, und er umarmte seine Schwester. „Ich wusste, dir fällt was ein“, rief er. „Gut, dass die weg sind!“

Der Sepp nahm endlich seine Maske vom Kopf. Der Krampuslauf war ihm inzwischen vollkommen gleichgültig. „Habe die Ehre, ich bin der Sepp“, sagte er zu Valentin. „Da hast du dich ja tapfer geschlagen, gegen so eine Überzahl.“ Valentin schaute ihn dankbar an und wusste nicht so recht, was er sagen sollte.

Der Sepp räusperte sich. „Ich wollte eigentlich gerade auf dem Markt ein Würschtel essen“, sagte er. „Wollt ihr auch eins?“ Die beiden Kinder nickten. So zogen sie gemeinsam zum Würschtelstand, der Sepp mit seiner Maske unter dem Arm. „Danke, dass du mich gerettet hast“, sagte Valentin. „Ich glaube, die hacken so schnell nicht wieder auf dir rum“, meinte Liesl. Sie aßen einträchtig ihre Würschtel, dann begleitete der Krampus-Sepp die beiden bis vor ihre Haustür. Nicht, dass die feigen Jungen hier irgendwo auf Valentin und seine Schwester warteten und sich rächen wollten.

Müde ging der Sepp über den Christkindlmarkt vor dem stimmungsvoll erleuchteten Rathaus. Er wollte nach Hause in seine Werkstatt. Seine Maske klemmte noch immer unter dem Arm. Er dachte an seinen Urgroßvater, dessen Kostüm er trug, und an seinen Großvater, der ihn auch manchmal, ganz ohne Maske und Zottelfell, vor den anderen Jungen im Dorf beschützt hatte.

Und an diesem Tag war der Sepp zum ersten Mal in seinem Leben ein ganz zufriedener Krampus. ✦

Rahmschwammerl mit Breznknödel

Diesen vegetarischen Festtagsschmaus findet man auf der Speisekarte jedes guten Münchner Wirtshauses. Übrig gebliebene Breznknödel schmecken in Butter oder Öl angebraten auch noch am nächsten Tag.

Für 4 Portionen

Für die Knödel

400 g Brezn vom Vortag
1 Zwiebel
1 EL Butter
350 ml Milch
2 Stängel glatte Petersilie
3 Eier
1 Prise Salz
frisch gemahlener schwarzer Pfeffer

Für die Rahmschwammerl

500 g gemischte Pilze
1 kleine Zwiebel
30 g Butter
1 EL Mehl (Typ 405)
50 ml Weißwein
200 g Sahne
Salz
frisch gemahlener schwarzer Pfeffer
frisch geriebene Muskatnuss
2 Stängel glatte Petersilie

Außerdem

Frischhaltefolie
Alufolie

Für die Breznknödel das altbackene Laugengebäck in Würfel schneiden. Die Zwiebel schälen, fein hacken und in einer Pfanne mit der Butter kurz glasig dünsten. Dann die Milch zugießen und erwärmen. Die Petersilie abbrausen, trocken schütteln, fein hacken und unter die Zwiebel-Butter-Mischung heben. Die Eier zugeben und gut umrühren. Alles in eine Schüssel umgießen, Laugenwürfel unterheben und mit Salz und Pfeffer würzen. Die Masse sollte 20–30 Min. gut durchziehen.

Die Breznknödel werden wie Serviettenknödel in Rollen geformt. Dazu den Teig in 2 Teile teilen. Je eine Teighälfte auf die Frischhaltefolie geben und zu einer etwa 5 cm dicken Rolle formen. Die Enden gut verschließen. Die in Frischhaltefolie gewickelten Teigrollen jeweils auf Alufolie legen, gut einwickeln und die Enden fest eindrehen. Wasser in einem großen Topf zum Kochen bringen. Beide Rollen ins kochende Wasser geben und die Hitze reduzieren, sodass es nur noch simmert. Bei geschlossenem Deckel ca. 25 Min. gar ziehen lassen.

Für die Rahmschwammerl die Pilze mit einer Gemüsebürste gründlich putzen und in dünne Scheiben schneiden. Die Zwiebel schälen und fein hacken. Butter in einer Pfanne andünsten, Mehl zugeben und gut verrühren. Die Pilze zufügen und ca. 10 Min. unter stetigem Wenden mitdünsten. Mit Weißwein ablöschen. Die Sahne angießen und einkochen lassen, bis die Soße andickt. Die Pfanne vom Herd nehmen, die Rahmschwammerl mit Salz, Pfeffer und Muskat würzen. Die Petersilie abbrausen, trocken schütteln, fein hacken und unterrühren.

Die Knödelrollen aus dem Wasser nehmen, vorsichtig die Folien entfernen und in Scheiben schneiden. Mit den Rahmschwammerln servieren.

Laugenkränze

Der bayerischen Legende nach verdanken wir das Laugengebäck dem Bäcker Anton Nepomuk Pfannenbrenner, der in Münchens königlichem Kaffeehaus arbeitete. 1839 glasierte er Brezeln versehentlich mit Natronlauge statt mit Zuckerwasser. Seine Vorgesetzten waren vom Ergebnis begeistert – und wir sind es auch!

Für 4 kleine Kränze

Für den Teig
300 ml Milch (3,8 %) plus etwas zum Bepinseln
60 g Butter
1 Würfel frische Hefe
2 TL Zucker
600 g Mehl (Typ 550)
1 ½ TL Salz

Außerdem
25 g Natron
grobes Salz zum Bestreuen

Die Milch in einem Topf erwärmen, vom Herd nehmen. Die Butter darin schmelzen lassen, die Hefe hineinbröseln, Zucker zugeben und alles gut umrühren, bis sich Butter, Zucker und Hefe vollständig aufgelöst haben. Für 15 Min. ziehen lassen. Mehl und Salz in einer Rührschüssel vermischen. Die Hefemilch zugeben und alles zu einem glatten Teig verarbeiten. Den Teig abgedeckt an einem warmen Ort 1 Std. gehen lassen.

Den Teig in 4 gleich große Teile teilen. Daraus jeweils 3 Stränge rollen und diese zu einem Kranz flechten. Die Enden mit etwas Milch bepinseln und gut zusammendrücken. Die Kränze abgedeckt nochmals 30 Min. gehen lassen.

Den Backofen auf 170 °C Umluft vorheizen. Ein Backblech mit Backpapier auslegen.

1 ½ l Wasser in einem großen Topf erhitzen (nicht kochen) und das Natron darin auflösen. Vorsicht, es ist eine Lauge, die nicht mit der Haut in Berührung kommen sollte! Die Kränze darin nacheinander ca. 30 Sek. mit einer Schaumkelle eintauchen, abtropfen lassen, auf das Backblech legen und mit grobem Salz bestreuen. Die Kränze ca. 25 Min. auf mittlerer Schiene backen.

Tipp

Zur Weihnachtszeit sehen die Kränze mit einem Schleifenband verziert und etwas Rosmarin angebunden hübsch aus.

Schweinshaxn mit Kartoffelknödeln

Appetit auf eine perfekte Schweinshaxn wie im Münchner Brauhaus? Mit diesem Rezept wird sie innen schön zart und saftig und außen herrlich knusprig. An Guadn!

Für 4 Portionen

Für die Haxn

1 Bund Suppengrün
1 Gemüsezwiebel
60 g Butter
1 Schweinshaxn à ca. 1,3 kg
Salz
frisch gemahlener schwarzer Pfeffer
300 ml Bratenfond
300 ml Schwarzbier oder Bier nach Wahl
1 TL Speisestärke

Für die Knödel

1 Brötchen
10 g Butter
700 g Kartoffeln (mehligkochend)
350 ml Milch (3,8 %)
1 Ei (Gr. M)
1 TL Salz
frisch gemahlener schwarzer Pfeffer

Für die Haxn Suppengrün und Zwiebel putzen und in grobe Stücke schneiden. In einem großen Bräter die Butter schmelzen und das Gemüse zufügen. Den Backofen auf 180 °C vorheizen.

Die Schwarte der Haxn gitterförmig einschneiden, mit Salz und Pfeffer einreiben und auf das Gemüse legen. Den Bratenfond angießen, die Haxn in den Ofen schieben und 90 Min. braten. Dabei immer wieder mit dem Bier und dem eigenen Bratensaft bepinseln. Die Temperatur auf 150 °C verringern und für weitere 60 Min. garen. Für eine schöne Kruste für weitere 15 Min. die Grillfunktion zuschalten. Die Haxn aus dem Ofen nehmen und in Alufolie warm halten. Bratenfond und Gemüse durch ein Küchensieb in einen Topf passieren und etwas einkochen lassen. Speisestärke in etwas Wasser anrühren und die Soße damit binden. Mit Salz und Pfeffer würzen.

Für die Knödel das Brötchen fein würfeln und ca. 5 Min. in Butter rösten. Die Hälfte der Kartoffeln gar kochen, kurz abkühlen lassen, pellen und fein reiben. Die ungekochten Kartoffeln ebenfalls reiben, dabei in eine Schüssel mit etwas Salzwasser fallen lassen. Durch ein sauberes Geschirrtuch abgießen und dieses gut auspressen. Die Kartoffeln in eine Schüssel geben. Mit der aufgekochten Milch übergießen.

Beide Kartoffelsorten mit dem Ei, Salz und Pfeffer vermengen. Mit nassen Händen Knödel formen. In deren Mitte einige geröstete Brotwürfel geben. Die Knödel in einen großen Topf mit kochendem Salzwasser geben und auf mittlerer Stufe bei halb geöffnetem Deckel 25–30 Min. sieden lassen.

Die Haxn aus der Alufolie nehmen und mit den Kartoffelknödeln servieren.

Tipp

Dazu passt ein grüner Salat mit Sahne-Dressing.

Überbackener Zander

Wie wäre es statt des traditionellen Karpfens an Heiligabend mit überbackenen Zanderfilets? Mit ihrer leckeren Kartoffelkruste sind die zarten Filets nicht nur ein Gaumen-, sondern auch ein echter Augenschmaus.

Für 4 Portionen

1 kg küchenfertige Zanderfilets ohne Haut
etwas Zitronensaft
Salz
weißer Pfeffer
1 Bund Thymian
ca. 60 g Butter
600 g Kartoffeln (vorwiegend festkochend)
120 ml Weißwein
250 ml Sahne
80 g geriebener Parmesan

Den Zander abspülen, trocken tupfen und mit Zitronensaft beträufeln. Von beiden Seiten salzen und pfeffern. Den Thymian abbrausen und trocken schütteln. Eine passende Auflaufform mit der Hälfte der Butter einfetten und die Hälfte des Thymians hineinlegen. Die Filets dicht nebeneinander auf den Thymian in die Form geben.

Die Kartoffeln schälen und in feine Scheiben schneiden oder hobeln (dann braucht man eventuell ein paar weniger Kartoffeln). Die Kartoffelscheiben in Salzwasser 8–10 Min. garen lassen. Anschließend die Scheiben mit kaltem Wasser abschrecken und abtropfen lassen.

In einem kleinen Topf den Weißwein und die Sahne zusammen einmal kurz aufkochen lassen. Vom restlichen Thymian die Blättchen abzupfen und in die Soße geben. Mit Salz und Pfeffer würzen.

Den Backofen auf 180 °C Umluft vorheizen.

Die Soße über den Zander gießen, den Parmesan darüberstreuen und dann die Kartoffelscheiben fächerartig auf die Filets schichten. So entsteht eine Art Schuppenkleid. Ganz zum Schluss die übrige Butter in Flöckchen über dem Fisch verteilen.

Den Fisch ca. 35 Min. im Backofen goldbraun backen. Wer mag, kann am Ende kurz die Grillfunktion zuschalten, damit die Kartoffelkruste besonders knusprig wird.

Tipp

Der Weißwein kann problemlos durch Gemüse- oder Fischfond ersetzt werden.

Grießnockerlsuppe

Die Grießnockerlsuppe eignet sich perfekt als Vorspeise für das weihnachtliche Festtagsmenü. Ganz klassisch besteht sie nur aus den Nockerln und der Brühe, wir geben ein wenig Gemüse hinein.

Für 4 Portionen

375 ml Milch
Salz
75 g Butter
1 Prise frisch geriebene Muskatnuss
150 g Hartweizengrieß
1 gr. Möhre
2 Frühlingszwiebeln
½ Bund glatte Petersilie
2 Eier
frisch gemahlener schwarzer Pfeffer
2 l Hühnerbrühe

Für die Nockerl die Milch einmal aufkochen lassen, 1 TL Salz zufügen und die Butter darin schmelzen lassen. Mit Muskat würzen. Grieß nach und nach unter ständigem Rühren in die heiße Milch einrieseln lassen, bis ein dickflüssiger Brei entsteht, der sich vom Topfboden löst. Den Topf vom Herd nehmen und den Teig 10 Min. abkühlen lassen.

Währenddessen die Möhre schälen und mithilfe eines Julienne-Schneiders in feine Streifen schneiden. Die Frühlingszwiebeln putzen und in feine Ringe schneiden. Die Petersilie abbrausen, trocken schütteln und fein hacken.

Nach der Abkühlzeit die Eier miteinander verquirlen und unter den Teig rühren. Mit Salz und Pfeffer würzen. Den Teig ca. 20 Min. quellen lassen. Anschließend werden aus dem fertigen Teig mit zwei angefeuchteten Esslöffeln Nockerl abgestochen. Dafür mit einem Löffel etwas Teig aus dem Topf nehmen und ihn dann auf den anderen Löffel schieben. So entsteht nach und nach die typische Nockerlform.

Die Brühe in einen großen Topf füllen und zum Kochen bringen. Möhrenstreifen und Zwiebelringe zufügen. Alle Nockerln in die Brühe geben und ca. 3 Min. köcheln lassen. Anschließend die Hitze reduzieren und die Nockerln weitere 5–8 Min. ziehen lassen.

Die Suppe auf vier tiefe Teller verteilen und mit Petersilie bestreut servieren.

Tipp

Die Grießnockerl lassen sich gut vorab und auf Vorrat zubereiten. Eingefroren halten sie sich mehrere Wochen.

Bayrischer Kartoffelsalat mit Weißwurst

Bei der bayrischen Variante des Weihnachtsklassikers sorgt die Essig-Öl-Vinaigrette für einen etwas leichteren Genuss. Dazu reichen wir: Weißwurst. Ob diese das Zwölf-Uhr-Läuten nicht hören darf, bleibt Ihnen überlassen.

Für den Salat die Kartoffeln mit Schale in ausreichend Wasser ca. 20 Min. gar kochen und anschließend pellen. Die Kartoffeln auskühlen lassen und in 1–1,5 cm dicke Scheiben schneiden und in eine Schüssel geben. Die Schalotten schälen und fein würfeln.

Die Butter in der Pfanne erhitzen und die Schalotten darin 3 Min. andünsten. Mit der Brühe und dem Essig ablöschen, den Senf unterrühren und weitere 3 Min. bei reduzierter Hitze köcheln lassen. Dann das Sonnenblumenöl langsam einlaufen lassen und gut unterrühren. Die heiße Marinade über die Kartoffelscheiben geben. Alles gut, aber vorsichtig vermischen. Mit Salz und Pfeffer würzen und den Salat mindestens 2 Std. abgedeckt ziehen lassen.

Den Schnittlauch abbrausen, trocken schütteln, in feine Ringe schneiden und vor dem Servieren unter den Salat mischen. Radieschen putzen, waschen und in feine Scheiben schneiden oder hobeln. Ebenfalls unter den Salat mischen.

Für die Weißwürste einen ausreichend großen Topf mit Salzwasser aufkochen. Sobald das Wasser kocht, die Hitze reduzieren. Die Weißwürste ins Wasser geben und 5–8 Min. ziehen lassen, bis sie heiß sind.

Weißwürste aus dem Wasser nehmen und mit dem Kartoffelsalat und dem süßen Senf anrichten.

Für 4 Portionen

Für den Salat

800 g Kartoffeln (festkochend)
2 Schalotten
25 g Butter
300 ml kräftige Brühe (Fleisch- oder Gemüsefond)
100 ml Weißweinessig
1 EL mittelscharfer Senf
60 ml Sonnenblumenöl
Salz
weißer Pfeffer
1 Bund Schnittlauch
1 Bund Radieschen

Außerdem

8 frische Weißwürste vom Metzger des Vertrauens
1 TL Salz
1 Glas süßer Senf

Tipp

Der Kartoffelsalat lässt sich auch gut einen Tag vor dem Verzehr zubereiten, dann zieht die Marinade so richtig schön durch.

Gerösteter Ofenblumenkohl

Kohl ist ein typisches Wintergemüse. Statt des üblichen Rot- oder Rosenkohls tischen wir zum Fest einen gebackenen Blumenkohl auf, der mit seiner nussig-knusprigen Oberfläche ein echter Gaumenschmeichler ist.

Für 4 Portionen

1 großer Blumenkohl
Salz
2 Scheiben Toastbrot
2 Zweige Rosmarin
1 Knoblauchzehe
1 EL ganze Mandeln
4 EL Olivenöl
1 TL Butter zum Einfetten der Form
frisch gemahlener schwarzer Pfeffer
½ TL rosa Pfefferbeeren

Den Blumenkohl säubern und nur die äußeren Blätter entfernen. Einen großen Topf mit Salzwasser zum Kochen bringen und den ganzen Blumenkohl darin 10 Min. abgedeckt kochen lassen.

Das Toastbrot in Würfel schneiden. Den Rosmarin waschen, trocken schütteln und die Nadeln abzupfen. Den Knoblauch schälen. Toast, Rosmarin, Knoblauch, Mandeln und 2 EL Olivenöl in eine Moulinette geben und zu einer Panade zerkleinern.

Den Backofen auf 180 °C Umluft vorheizen.

Eine passende Auflaufform buttern. Den Blumenkohl mit dem Strunk nach unten in die Auflaufform setzen. Den Kopf salzen und pfeffern, mit 2 EL Olivenöl beträufeln und mit der Panade bestreuen. Diese etwas andrücken.

Den Blumenkohl für ca. 20 Min. auf der unteren Schiene im Backofen garen. Danach die Grillfunktion auf 200 °C zuschalten und den Blumenkohl für ca. 4 Min. grillen, bis er Farbe annimmt.

Die rosa Pfefferbeeren mit einem Mörser leicht andrücken. Den gebackenen Blumenkohl aus dem Backofen nehmen, mit den angedrückten Pfefferbeeren bestreuen und servieren.

Tipp

Ofenblumenkohl, gereicht mit Salzkartoffeln und einem Stück kurz gebratenem Fleisch, ist ein schmackhaftes Festtagsgericht.

HB
MÜNCHEN
Münchner Kindl
BIERGARTEN

Brotzeit mit Obazda, Wurstsalat und Radi

Eine zünftige Brotzeit wird nicht nur auf der Wiesn oder in der Wirtschaft gern verspeist, sondern eignet sich auch wunderbar für Gäste. Cremiger Obazda, eingelegter Radi und herzhafter Wurstsalat werden, hübsch angerichtet, mit frischen Brezn serviert.

Für 6–8 Portionen

Für den Obazda

200 g Camembert
3 EL Butter
1 Zwiebel
Salz
frisch gemahlener schwarzer Pfeffer
Paprikapulver
1 TL grob zerstoßener Kümmel

Für den Wurstsalat

600 g Lyoner
3 Zwiebeln
2 Stängel Petersilie
2 EL Essig
3 EL Öl
½ TL Paprikapulver
1 Prise frisch gemahlener schwarzer Pfeffer
1 Prise Salz
1 TL Zucker

Für den Radi

1 großer Radi (Rettich)
2 TL Salz
4 EL Sonnenblumenöl
2 EL Weißweinessig
½ TL Zucker

Außerdem

6–8 Brezn
1 Bund Radieschen
Kresse zum Garnieren

Für den Obazda den Camembert mit der Gabel zerdrücken und mit der Butter vermengen. Die Zwiebel schälen. Die Hälfte der Zwiebel fein hacken, mit der Käsemasse vermischen und diese mit Salz, Pfeffer und Paprikapulver würzen. Den Rest der Zwiebel in Ringe schneiden. Den Obazda damit belegen und mit dem Kümmel bestreuen.

Für den Wurstsalat die Lyoner häuten und zunächst in feine Scheiben, dann in Stifte schneiden. Die Zwiebeln schälen und fein hacken. Die Petersilie abbrausen, trocken schütteln und fein hacken. Lyoner, Zwiebeln und Petersilie mit Essig, Öl und 1 EL Wasser in eine Schüssel geben und gut vermengen. Anschließend mit Paprikapulver, Pfeffer, Salz und Zucker würzen und ca. 30 Min. durchziehen lassen.

Den Radi schälen und in ziehharmonikaähnliche Girlanden schneiden – so wird er in München gerne serviert. Dafür entweder mit der glatten Klinge des Spiralschneiders zur Girlande schneiden oder scheibchenweise ca. nur bis zur Hälfte gerade einschneiden. Dann den Radi umdrehen, wieder scheibchenweise – jetzt aber schräg – einschneiden. Nun lässt er sich wie eine Ziehharmonika auseinanderziehen.

Den Radi gut mit dem Salz einreiben und mindestens 20 Min. ziehen lassen. Das Salz entzieht ihm Wasser und er fängt an zu „trenzen" (weinen). Das entzogene Wasser abgießen und den Radi mit einem Papiertuch abtupfen. Öl, Essig und Zucker zu einer Marinade verrühren. Die Radi-Girlanden mit der Marinade beträufeln und mit Kresse garnieren.

Nun alles mit den Brezn und den Radieschen auf einem großen Holzbrett anrichten. Dazu ein kühles Weißbier – herrlich!

Gänsebraten mit Blaukraut

Die traditionelle Weihnachtsgans geht auf den katholischen Brauch der Martinsgans zurück, die vor der adventlichen Fastenzeit gegessen wird. Diese endet an Heiligabend, dann wird wieder eine Gans aufgetischt.

Für 6–8 Portionen

Für den Braten

1 küchenfertige, ausgenommene Gans (4–5 kg)
Salz
3 säuerliche Äpfel
3 Zwiebeln
300 g Maronen (vorgekocht)
4 Stängel Majoran
frisch gemahlener schwarzer Pfeffer
400 ml Gänsefond
1 EL Speisestärke

Für das Blaukraut

1 mittelgroßer Rotkohl
1 EL Apfelessig
1 säuerlicher Apfel
1 Schalotte
3 EL Butter
4 Nelken
1 Sternanis
1 Lorbeerblatt
Salz
frisch gemahlener schwarzer Pfeffer
1 Prise Zucker

Den Backofen auf 165 °C vorheizen.

Für den Braten die Gans waschen, trocken tupfen und mit 2 TL Salz innen sowie außen einreiben. Die Innereien beiseitestellen. Die Äpfel schälen, vierteln, entkernen und grob würfeln. Die Zwiebeln schälen und vierteln. Die Maronen halbieren. Die Majoranblättchen von den Stängeln zupfen. Alles mit etwas Salz und Pfeffer in einer Schüssel vermischen. Die Gans mit der Mischung füllen. Die Öffnung der Bauchhöhle mit einem langen Spieß verschließen. Die Keulen mit Küchengarn zusammenbinden.

Die Innereien und die restliche Füllung auf einem tiefen Backblech verteilen und auf die unterste Schiene in den Backofen geben. Die Gans auf einem Rost mit der Brustseite nach unten über das Backblech schieben, 400 ml Wasser angießen und für 1 Std. garen. Wenden. Die beiden Keulen und besonders fette Stellen mehrmals vorsichtig mit einer Messerspitze einstechen, damit die Gans überschüssiges Fett verliert. Pro Kilo Gewicht braucht die Gans ca. 1 Std. Bratzeit im Backofen, eine Füllung verlängert die Bratzeit um ca. 30 Min. Währenddessen immer wieder mit Bratensaft übergießen – dadurch wird die Haut schön knusprig. Die Gans aus dem Ofen nehmen und abgedeckt ruhen lassen.

Den Bratensaft vom Backblech gießen. Das Fett abschöpfen. Den Bratensaft mit dem Gänsefond in einem Topf aufkochen. Die Speisestärke mit etwas kaltem Wasser verrühren und die Soße damit binden.

Für das Blaukraut die äußeren Kohlblätter entfernen, den Kopf halbieren und in feine Streifen schneiden. Mit dem Essig vermengen. Den Apfel schälen, vierteln, entkernen und fein würfeln. Die Schalotte schälen und fein würfeln. In einem Topf die Butter schmelzen, die Schalotte andunsten und das Blaukraut mit den Gewürzen und 250 ml heißem Wasser zugeben. Einmal aufkochen lassen, den Apfel unterrühren und ca. 1 ½ Std. bei geringer Hitze weich dünsten. Mit Salz, Pfeffer und Zucker würzen.

Winterlicher Gemüsestrudel

Frisches Wintergemüse bekommt in diesem Strudel seinen ganz besonderen Auftritt! Hübsch geflochten krönt er jedes Festtagsmenü und ist dazu noch überaus gesund.

Die Spitzkohlblätter in kochendem Salzwasser für 3 Min. blanchieren. Kurz abschrecken. Die Blätter auf einem Küchentuch ausbreiten, sodass sie die gleiche Breite wie der Blätterteig haben, und überlappend aufeinanderlegen.

Für die Füllung die Pilze putzen und in Würfel schneiden. Die Schalotte und den Knoblauch schälen und fein hacken. Die Karotte schälen und grob raspeln. Die Pastinake schälen, halbieren und in feine Halbmonde schneiden. Den Lauch putzen und in feine Ringe schneiden. Den Rosenkohl putzen und in Ringe schneiden. Die Petersilie abbrausen, trocken schütteln und in feine Streifen schneiden.

Das Öl in einer großen Pfanne erhitzen und die Pilze darin andünsten, dann die Schalotte und den Knoblauch zufügen. Das Wurzelgemüse und den Lauch zugeben. Zum Schluss kommen der Rosenkohl und die gehackten Walnüsse dazu. Würzen, mit Brühe ablöschen und so lange köcheln lassen, bis das Gemüse gar und die Brühe fast verdunstet ist. Zum Schluss Crème fraîche, Parmesan und Petersilie unterrühren.

Die Füllung mittig auf den Spitzkohlblättern verteilen. Von der Längsseite her die Spitzkohlblätter im Küchentuch aufrollen. Für 30 Min. kalt stellen. Den Backofen auf 200 °C vorheizen.

Den Blätterteig auslegen. Die Spitzkohlrolle mittig auf dem Teig platzieren. Das untere und obere Ende des Blätterteiges so einschneiden, dass die Enden auf die Rolle geklappt werden. Dann die Seiten des Blätterteiges diagonal von oben nach unten in 2–3 cm breite Streifen schneiden. Diese immer im Wechsel leicht schräg über die Füllung schlagen, sodass sich ein Flechtmuster ergibt.

Den fertigen Strudel vorsichtig auf ein mit Backpapier ausgelegtes Backblech legen. Ei und Milch verquirlen und den Strudel damit einpinseln. Im Backofen auf der mittleren Schiene 20–25 Min. goldbraun backen.

Für 1 Strudel

Für den „Blätterteig"

10 große Spitzkohlblätter
1 Prise Salz
1 Rolle rechteckiger Blätterteig

Für die Füllung

300 g gemischte Pilze
1 Schalotte
1 Knoblauchzehe
1 gr. Karotte
1 gr. Pastinake
1 Stange Lauch
10 Rosenkohlröschen
2 Stängel glatte Petersilie
1 EL Rapsöl
50 g gehackte Walnüsse
Salz
frisch gemahlener schwarzer Pfeffer
frisch geriebene Muskatnuss
200 ml Gemüsebrühe
1 EL Crème fraîche
100 g geriebener Parmesan

Außerdem

1 Ei
etwas Milch

DANKE

… für die Rezeptentwicklung:
Andrea Gottfreund

… für die tatkräftige Unterstützung:
Friederike Wentrup
Emma Liedtke

… für die schöne Weihnachtsgeschichte
Alexa Nieschlag

… an das beste Team:
Hölker Verlag

Lisa Nieschlag

… ist Designerin, Kochbuch-Autorin und Food-Fotografin.

Mit ihren fotografischen Inszenierungen macht sie zahlreichen Lesern Appetit auf mehr. Erst recht, wenn sie dann als Stylistin alles noch so geschmackvoll in Szene setzt. Die Küche ist Lisas kreativer und kulinarischer Kosmos. Lisa betreibt den beliebten Food-Blog „Liz & Friends".

www.lizandfriends.de

Lars Wentrup

… ist ein Allrounder: Designer, Illustrator, Feinschmecker und Testesser. Und er liebt Bücher.

Angespornt durch das kreative Foodstyling und die eindrucksvollen Bildwelten schafft Lars die perfekte Plattform und bringt den – in jeder Hinsicht – guten Geschmack zu Papier. Seit 2001 führt Lars gemeinsam mit Lisa eine Agentur für Kommunikationsdesign in Münster.

www.nieschlag-wentrup.de

5 4 3 2 1   27 26 25 24 23
ISBN 978-3-7567-1003-4

in der Coppenrath Verlag GmbH & Co. KG
Hafenweg 30, 48155 Münster, Germany

www.hoelker-verlag.de

Autoren:
Lisa Nieschlag und Lars Wentrup

Gestaltung und Satz:
Nieschlag + Wentrup
Agentur für Kommunikationsdesign
www.nieschlag-wentrup.de

Rezeptentwicklung:
Andrea Gottfreund, *www.gottfreunds.de*

Food-Fotografie & -Styling:
Lisa Nieschlag, *www.lisanieschlag.de*

München-Fotos:
picture alliance
Titel: robertharding | Frank Fell
S. 8: imageBROKER | Dr. Wilfried Bahnmüller
S. 9: dpa | Karl-Josef Hildenbrand
S. 16, 17, 63: Westend61 | Rainer Berg
S. 24: Westend61 | Kerstin Bittner
S. 32: dpa | Felix Hörhager
S. 33, 54: Markus C. Hurek | Markus C. Hurek
S. 46: dieKLEINERT | Kaethe deKoe
S. 62: imageBROKER | Marc Rasmus

Shutterstock
S. 1: Antonio Gravante
S. 42, 43: footageclips
S. 55: Lukassek

Geschichte:
Alexa Nieschlag (S. 36–41)

Redaktion und Lektorat:
Mareike Bartholomäus, *www.hafentexterei.de*

Herstellung:
Dana Günther

Litho:
FSM Premedia GmbH & Co. KG, Münster